AF198992

school - мактаб	2
travel - саёҳат	5
transport - нақлиёт	8
city - шаҳр	10
landscape - ландшафт	14
restaurant - тарабхона	17
supermarket - супермаркет	20
drinks - нӯшокиҳои	22
food - таъом	23
farm - ферма	27
house - хона	31
living room - мехмонхона	33
kitchen - ошхона	35
bathroom - ҳамом	38
kids room - ҳуҷраи кӯдакона	42
clothing - либос	44
office - идора	49
economy - иқтисодиёт	51
occupations - касбҳо	53
tools - асбобҳо	56
musical instruments - асбобҳои мусиқӣ	57
zoo - боғи ҳайвонот	59
sports - варзиш	62
activities - фаъолият	63
family - оила	67
body - бадан	68
hospital - бемористон	72
emergency - ҳолати фавқулодда	76
earth - замин	77
clock - вақт	79
week - ҳафта	80
year - сол	81
shapes - баст	83
colors - рангҳо	84
opposites - мухолифат	85
numbers - ададҳо	88
languages - забонҳо	90
who / what / how - ки / чиро / тавр	91
where - дар куҷо	92

Impressum
Verlag: BABADADA GmbH, Nedderfeld 112 , 22529 Hamburg
Geschäftsführer / Verlagsleitung: Harald Hof
Druck: Books on Demand GmbH, In de Tarpen 42, 22848 Norderstedt

Imprint
Publisher: BABADADA GmbH, Nedderfeld 112 , 22529 Hamburg, Germany
Managing Director / Publishing direction: Harald Hof
Print: Books on Demand GmbH, In de Tarpen 42, 22848 Norderstedt

school

мактаб

divide
тақсим кардан

186/2

board
тахтаи синф

classroom
синф

school yard
саҳни мактаб

teacher
муаллим

paper
коғаз

write
навиштан

pen
ручка

desk
мизи хатнависӣ

ruler
ҷадвал

book
китоб

pupil
талаба

satchel

ҷузвдон

pencil case

қаламдон

pencil

қалам

pencil sharpener

қаламтезкунак

rubber

хаткуркунак

drawing pad

блокноти расмкашӣ

drawing

расм

paintbrush

мӯқалами рассомӣ

paint box

қуттии рангҳо

scissors

қайчӣ

glue

ширеш

exercise book

дафтари машқ

homework

вазифаи хонагӣ

number

рақам

add

ҷамъ кардан

subtract

кам кардан

multiply

зарб задан

calculate

ҳисоб кардан

letter

ҳарф

alphabet

алфавит

hello

word

калима

text

матн

read

хондан

chalk

бӯр

lesson

дарс

register

журнали синфӣ

examination

имтиҳон

certificate

шаҳодатнома

school uniform

либоси мактабӣ

education

таҳсил/маориф

encyclopedia

энсиклопедия

university

донишгоҳ

microscope

микроскоп (more frequently used)

map

харита

waste-paper basket

сабади партофҳои коғазӣ

hotel
меҳмонхона

hostel
хобгоҳ

currency exchange office
нуқтаи мубодилаи асъор

car
мошин

language

забон

yes / no

ҳа / не

Okay

Хуб

hello

Ассалому алейкум

translator

тарчумон

Thank you

Раҳмат

how much is...?

чӣ қадар аст ...?

I don´t get it

Ман намефаҳмам

problem

проблема

Good evening!

шаб ба хайр!

Good morning!

субҳ ба хайр

Good night!

шаби хуш

goodbye

хайр

direction

равона

luggage

бағоҷ

bag

ҷузвдон

backpack

борхалта

guest

меҳмон

room

хона

sleeping bag

хобхалта

tent

хайма

tourist information

маълумоти сайёҳӣ

beach

соҳил

credit card

корти кредитӣ

breakfast

наҳорӣ

lunch

хӯроки пешин

dinner

хӯроки шом

Ticket

чипта

elevator

лифт

stamp

марка

border

сарҳад

customs

Гумрук

embassy

сафорат

visa

равдид

passport

шиноснома

airplane
тайёра

ship
кишти

fire truck
мошини сӯхторхомӯшкунӣ

bus
автобус

truck
мошини боркаш

motorboat
қаиқи моторӣ

bike
дучарха

car
мошин

ferry

паром

boat

қаиқ

motorbike

мотосикл

police car

мошини полис

racing car

мошини тезрави пойгаи

rental car

кирояи мошинҳо

car sharing

ҳамроҳ истифодабарии мошин

tow truck

эвакуатор

garbage truck

павтовҷамъкунӣ

engine

муҳаррик

fuel

сӯзишворӣ

fuel station

нуқтаи фурӯши сӯзишворӣ

traffic sign

аломати роҳ

traffic

ҳаракат

traffic jam

бандшавии ҳаракати роҳ

parking lot

ҷои исти мошинҳо

train station

истгоҳи роҳи оҳан

tracks

роҳи оҳан

train

қатора

tram

тамвай

wagon

вагон

helicopter

чархбол

airport

фурудгоҳ

tower

манора

passenger

мусофир

container

контейнер

carton

қутии картонӣ

cart

ароба

basket

сабад

take off / land

гирифтан / замин

city

шаҳр

village

деҳа

city center

маркази шаҳр

house

хона

A city scene illustration with labels:

- movie theater / кино
- advert / реклама
- street light / фонуси кӯча
- street / кӯча
- taxi / такси
- snack shop / ошхонаи таъомҳои саридастӣ
- pedestrian / пиёдагард
- sidewalk / пиёдараҳа
- zebra crossing / роҳи пиёдагард
- dumpster / ахлотқуттӣ
- crossing / чорроҳа
- traffic lights / опотофор

CINEMA

hut
кулба

apartment
ҳамвор

train station
истгоҳи роҳи оҳан

city hall
бинои маъмурияти шаҳр

museum
осорхона

school
мактаб

university

донишгоҳ

bank

бонк

hospital

бемористон

hotel

меҳмонхона

pharmacy

доухона

office

идора

book shop

сехи китоб

shop

сехи

flower shop

мағозаи гулфурӯшй

supermarket

супермаркет

market

бозор

department store

универмаг

fishmonger's shop

мағозаи моҳифурӯшй

mall

маркази савдо

harbor

бандар

park

парк

bench

бонк

bridge

пул

stairs

зинапоя

subway

метро

tunnel

нақби

bus stop

истгоҳи автобус

bar

бар

restaurant

тарабхона

postbox

қуттии почта

street sign

аломати номи кӯчаҳо

parking meter

ҳисобкунаки исти мошинҳо

zoo

боғи ҳайвонот

swimming pool

ҳавзи шиноварӣ

mosque

масчид

farm

ферма

pollution

ифлоскунӣ

cemetery

қабристон

church

калисо

playground

майдончаи бозӣ

temple

маъбад

landscape

ландшафт

signpost
аломати роҳнамо

path
роҳ

meadow
алафзор

stone
санг

tree
дарахт

hiker
сайёҳ

river
дарё

grass
алаф

flower
гул

valley

водӣ

hill

кӯҳ

lake

кул

forest

беша

desert

биёбон

volcano

вулкан

castle

қалъа

rainbow

рангинкамон

mushroom

занбӯруғ

palm tree

дарати нахл

mosquito

хомӯшак

fly

паридан

ant

мурча

bee

занбур

spider

тортанак

landscape - ландшафт

beetle

гамбӯсак

frog

қурбоққа

squirrel

санҷоб

hedgehog

хорпушт

hare

харгӯш

owl

бум

bird

парранда

swan

мурғи қу

boar

хуки ваҳшй

deer

оху

moose

гавазн

dam

сарбанд

wind turbine

турбина шамол

solar panel

панел офтобӣ

climate

иқлим

waiter
пешхизмат

menu
меню

chair
курсӣ

soup
шӯрбо

pizza
Pizza

cutlery
асбобу анҷоми хӯрокхӯрӣ

tablecloth
дастархон

starter
стартер/корандоз

main course
хӯроки асосӣ

dessert
десерт

drinks
нӯшокиҳои

food
таъом

bottle
шиша

fast food

Хӯроки Тез Таёр мешуда

street food

хӯроки кӯчагӣ

teapot

чойник

sugar bowl

шакардон

portion

қисм/порча

espresso machine

мошини espresso

high chair

курсии кӯдакона

bill

ҳисоб

tray

зарфмонак

knife

корд

fork

чангол

spoon

қошуқ

teaspoon

қошуқча

serviette

сачоқи қоғазӣ

glass

истакон

plate

табақча

soup plate

косача

saucer

тақсимча

sauce

соус

salt shaker

намакдон

pepper mill

мурчдон

vinegar

сирко

oil

равғани растанӣ

spices

приправа

ketchup

кетчуп

mustard

хардал

mayonnaise

майонез

special offer
пешниҳоди махсус

customer
мизоҷ

dairy products
шир

FOR

fruit
мева

shopping cart
аробача

butcher's shop
дукони гӯштфурӯшӣ

bakery
дукони нонфурӯшӣ

weigh
баркашидан

vegetables
сабзавот

meat
гӯшт

frozen food
хӯроки яхбаста

cold cuts

тилимҳои борик буридаи
гушт

canned food

озуқаворӣ
консервонидашуда

detergent

хокаи либосшӯй

candy

ширинӣ

household products

асбоби рӯзгор

cleaning products

воситаҳои тозакунанда

sales representative

фурӯшанда

cash register

касса

cashier

кассир

shopping list

рӯихати харидкунӣ

opening hours

соат ифтитоҳи

wallet

ҳамён

credit card

корти кредитӣ

bag

ҷуздо

plastic bag

пакет

water

об

juice

шарбат

milk

шир

coke

кола

wine

шароб

beer

оби ҷав

alcohol

машрубот

cocoa

какао

tea

чой

coffee

қаҳва

espresso

эспрессо

cappuccino

каппучино

banana

банан

apple

себ

orange

норанҷӣ

melon

харбуза

lemon

лимӯ

carrot

сабзӣ

garlic

сир

bamboo

бамбук

onion

пиёз

mushroom

занбӯруғ

nuts

чормағз

noodles

угро

spaghetti

спагеттй

rice

биринҷ

salad

салат

fries

картошкаи қоқак

fried potatoes

картошкабирён

pizza

Pizza

hamburger

гамбургер

sandwich

бутербурод

escalope

шнитсел

ham

гӯшти намакардаи хук

salami

ҳасиби салямй

sausage

ҳасиб

chicken

мурғ

roast

кабоб

fish

моҳй

porridge oats

ярмаи чав

muesli

омехтаи ғалладонагӣ

cornflakes

ярмаи ҷуворимакка

flour

орд

croissant

кулчақанд

bread roll

кулчақанд

bread

нон

toast

як порча нони бирён

cookies

кулчачаҳои қандин

butter

маска

curd

творог

cake

пирог

egg

тухм

fried egg

тухм бирён

cheese

панир

ice cream

яхмос

sugar

шакар

honey

асал

jelly

мураббо

nougat cream

хамираи ҳалво

curry

Curry

goat

буз

cow

гов

calf

гӯсола

pig

хук

piglet

хукча

bull

буққа

goose

қоз

duck

мурғобӣ

chick

чӯча

hen

мурғ

cockerel

хурӯс

rat

каламуш

cat

гурба

mouse

муш

ox

барзагов

dog

саг

dog house

хоначаи саг

garden hose

рӯдаи резинӣ

watering can

камобӣ метавонад

scythe

дос

plow

сипори шудгоркунии замин

sickle

доси

hoe

каланд

pitchfork

панчшоха

axe

табар

pushcart

ароба

trough

охур

milk can

зарфи ширгирй

sack

халта

fence

девор

stable

мӯътадил

greenhouse

гармхона

soil

хок

seed

тухмй

fertilizer

нуриҳо

combine harvester

комбайни ғаллағундорй

harvest

ҳосил

harvest

ҳосил

yams

yams

wheat

гандум

soya

лубиж

potato

картошка

corn

чуворй

rapeseed

донаи маъсар

fruit tree

дарахти мева

manioc

manioc

grain

ғалладона

living room

мехмонхона

bathroom

ҳамом

kitchen

ошхона

bedroom

хонаи хоб

kids room

хучраи кӯдакона

dining room

ошхона

floor

ошёна

wall

девор

ceiling

шифт

cellar

тагзаминй

sauna

сауна

balcony

балкон

terrace

суфача

pool

ҳавз

lawn mower

мошини алафдарав

sheet

варақ

bedspread

кампал

bed

кат

broom

ҷорӯб

bucket

сатил

switch

калид

carpet

қолин

drape

парда

table

мизи

chair

курсӣ

rocking chair

rocking кафедраи

armchair

курсӣ

book

китоб

blanket

курпа

decoration

ороиш

firewood

ҳезум

film

филм

stereo system

дастгоҳи hi-fi

key

калид

newspaper

рӯзнома

painting

расм

poster

эълон

radio

радио

notebook

китобчаи қайдҳо

vacuum cleaner

чангкашак

cactus

кактус

candle

шам

fridge
яхдон

microwave oven
тафдон

kitchen scales
тарозу

toaster
тостер

laundry detergent
хокаи либосшӯи

freezer
яхдон

stove
оташдон

dishwasher
зарфшӯяк

cooker

плита

pot

тубак

cast-iron pot

дег

wok / kadai

дег / кадй

pan

тоба

kettle

чойник

steamer

steamer

baking tray

лист

crockery

зарф

mug

кружка

bowl

коса

chopsticks

чубаки хурокхӯрӣ

ladle

кафлези

spatula

кафлези ҳамвор

whisk

whisk

strainer

strainer

sieve

элак

grater

турбтарошак

mortar

миномет

barbecue

Кабоб Кардан

fireplace

оташ кушод

chopping board

тахтаи резакунӣ

rolling pin

чӯба

corkscrew

пӯккашак

can

банка

can opener

консервокушояк

oven cloth

дастак

sink

дастшӯяк

brush

чӯтка

sponge

исфанҷ

blender

блендер

deep freezer

сармодон

baby bottle

шишача

tap

чумак

heating
гармидиҳӣ

shower
душ

towel
сачоқ

shower curtain
пардаи душ

bubble bath
ваннаи кафкдор

bathtub
ванна

glass
истакон

washing machine
мошини ҷомашӯй

tap
чумак

tiles
фарши кошинкорй

potty
тубак

sink
дастшӯяк

toilet	squat toilet	bidet
ҳоҷатхона	нишастгоҳи халоҷои рӯйфаршй	биде

urinal	toilet paper	toilet brush
ҳоҷатхонаи мардона	коғази ташноб	чӯткаи ҳоҷатхона

toothbrush

дандоншӯяк

toothpaste

хамираи дандоншӯи

dental floss

риштаи дандонтозакунӣ

wash

шӯстан

hand shower

души дастӣ

douche

обшӯй

basin

ҳавза

back brush

шона кардани мӯй

soap

собун

shower gel

гел барои душ

shampoo

шампун

flannel

бумазӣ

drain

заҳкаш

creme

крем

deodorant

дезодорант

mirror

оина

hand mirror

оинаи дастӣ

razor

риштарошаки барқи

shaving foam

кафк барои риштарошӣ

aftershave

оби мушкини баъди риштарошӣ

comb

шона

brush

чӯтка

hair-dryer

мӯйхушкунак

hairspray

лак барои мӯй

makeup

косметика

lipstick

лабсурхкунак

nail varnish

лок барои нохун

cotton wool

пахта

nail scissors

қайчии нохунгирӣ

perfume

атриёт

washbag

ҷузвдони косметики

stool

қазои ҳоҷат

weighing scales

тарозу

bathrobe

хилъат

rubber gloves

дастпӯшак резина

tampon

тампон

sanitary towel

дастмоли санитарй

chemical toilet

био-ҳоҷатхона

alarm clock
соати рӯимизии зангдор

cuddly toy
бозичаи мулоим

toy car
мошини бозича

rattle
тиқ-тиқ кардан

doll's house
хоначаи бозичагӣ

present
хузур

balloon

пуфак

bed

кат

stroller

аробочаи кудакона

deck of cards

маҷмӯи кортҳо

jigsaw

бозии муамоёбӣ

comic

комикс

lego bricks

хиштҳои лего

toy blocks

мағозаи бозичафурӯхтан

action figure

рақам амал

romper suit

либоси ғаваккашӣ

frisbee

фрисби

mobile

мобилӣ

board game

лавҳачаи бозӣ

dice

кубик

model train set

маҷмӯи модели қатора

pacifier

пистонак

party

ҳизб

picture book

китоби расм

ball

тӯб

doll

лӯхтак

play

бози кардан

sandpit

қуттии рег

swing

арғунчак

toys

бозича

video game console

консоли бозиҳои видеой

tricycle

велосипеди сечарха

teddy bear

хирсаки бахмалии патдор

wardrobe

чевон

clothing

либос

socks

чуроб

stockings

чуроби соқбаланд

tights

колготки

scarf
гарданпеч

umbrella
чатр

t-shirt
футболка

belt
тасма

boots
пойафзол

slippers
шиппак

sneakers
кроссовки

sandals
босоножкй

shoes
пойафзол

rubber boots
музаи резинй

underwear
турсй

bra
синабанд

undershirt
майка

clothing - либос

body

бадан

pants

шим

jeans

ҷинс

skirt

юбка

blouse

куртаи нимтаи занона

shirt

курта

pullover

свитер

sweater

свитер

blazer

пиҷак

jacket

нимтана

coat

палто

raincoat

плаш

costume

костюм

dress

куртаи занона

wedding dress

либос тӯйи

suit

костюм

nightgown

куртаи хоб

pajamas

пижама

sari

Сари

headscarf

рӯймол

turban

салла

burka

ниқобу

kaftan

кафтан

abaya

абая

swimsuit

либоси обозӣ

trunks

эзорчаи шиноварии мардона

shorts

шорти

tracksuit

либоси варзишӣ

apron

пешбанд

gloves

дастпӯшак

button

тугма

glasses

айнак

bracelet

дастпона

necklace

гарданбанд

ring

ангуштарин

earring

гӯшвора

cap

кулоҳ

coat hanger

либосовезак

hat

кулоҳ

tie

галстук

zip

занҷирак

helmet

тоскулоҳ

braces

шимбардор

school uniform

либоси мактабӣ

uniform

либоси

bib

пешгир

pacifier

пистонак

diaper

подгузник

server
сервер

filing cabinet
чевони хуҷҷатмонӣ

printer
принтер

monitor
монитор

paper
коғаз

desk
мизи хатнависӣ

mouse
мушак

folder
ҷузъгир

keyboard
клавиатура

chair
курсӣ

waste-paper basket
сабади партофҳои коғазӣ

computer
копютер

coffee mug

кружкаи қаҳванӯшӣ

calculator

калкулятор

internet

интернет

laptop

ноутбук

letter

мактуб

message

хабар

cell phone

телефони мобилӣ

network

шабака

photocopier

нусхабардор

software

нармафзор

telephone

телефон

plug socket

розетка

fax machine

факс

form

шакл

document

ҳуҷҷат

buy

харидан

pay

пардохт

trade

савдо

money

пул

dollar

доллар

euro

евро

yen

йен

rouble

рубл

Swiss tranc

франки швейцариягй

renminbi yuan

юан

rupee

рупй

cash point

нуқтаи нақд

currency exchange office

нуқтаи мубодилаи асъор

gold

тилло

silver

нуқра

oil

равғани растанӣ

energy

энерги

price

нарх

contract

шартнома

tax

андоз

stock

саҳмия

work

кор

employee

хизматчӣ

employer

соҳибкор

factory

завод

shop

сехи

police officer
корманди полис

fireman
сӯхторхомушкун

cook
ошпаз

doctor
духтур

pilot
халабон

gardener

боғбон

carpenter

чӯбтарош

seamstress

дӯзанда

judge

судя

chemist

кимиёшинос

actor

актер

bus driver

ронандаи автобус

taxi driver

таксист

fisherman

моҳигир

cleaning lady

фаррошзан

roofer

устои бомпӯш

waiter

пешхизмат

hunter

шикорчӣ

painter

расом

baker

нонвой

electrician

барқ

builder

сохтмончӣ

engineer

инженер

butcher

қассоб

plumber

устои шабакаи об

postman

хаткашон

soldier

сарбоз

architect

меъмор

cashier

кассир

florist

гулфурӯш

hairdresser

сартарош

conductor

кондуктор

mechanic

механик

captain

капатан

dentist

духтури дандон

scientist

олим

rabbi

хохом

imam

имом

monk

шайх

pastor

саркоҳин

асбобҳо

hammer
болға ча

pliers
анбӯри паҳннӯл

screwdriver
мурваттобак

wrench
калиди гайкатобӣ

torch
фонуси дастӣ

excavator

экскаватор

toolbox

қутии асбобҳо

ladder

зинапоя

saw

арра

nails

мехҳо

drill

пармаи электрикӣ

repair

таъмир

shovel

бел

Damn!

Сабил монад!

dustpan

белчаи хокрӯбагирй

paint can

сатили ранг

screws

мехи печдор

musical instruments
асбобҳои мусиқӣ

loud speaker
динамик

drum set
асбоби нақоразанй

guitar
гитара

double bass
контрабас

trumpet
карнай

piano

пианино

violin

ғиҷҷак

bass

бас-гитара

timpani

нақораи поядор

drums

нақора

keyboard

клавиатура

saxophone

саксофон

flute

най

microphone

баландгӯяд

entrance
даромад

tiger
паланг

cage
қафас

zebra
гӯрхар

animal feed
хӯроки чорво

panda
панда

animals

ҳайвонот

elephant

фил

kangaroo

кенгуру

rhino

каркадан

gorilla

горилла

bear

хирси бӯр

camel

шутур

ostrich

шутурмурғ

lion

шер

monkey

маймун

flamingo

бутимор

parrot

тӯти

polar bear

хирси сафед

penguin

пингвин

shark

наҳанг

peacock

товус

snake

мор

crocodile

тимсоҳ

zookeeper

посбон

seal

сил

jaguar

ягуар

pony

аспи кӯтоҳҳад

leopard

леопард

hippo

баҳмут

giraffe

заррофа

eagle

уқоб

boar

хуки ваҳшй

fish

моҳй

turtle

сангпушт

walrus

морж

fox

рӯбоҳ

gazelle

ғизол/оху

варзиш

American football
футболи амрикои

cycling
велосипедронӣ

tennis
теннис

basketball
баскетбол

swimming
шиноварӣ

boxing
бокс

ice hockey
хоккей

soccer
футбол

badminton
бадмингтон

athletics
атлетика

handball
гандбол

skiing
лижаронӣ

polo
тӯббозӣ бо асп

laugh
ханда

jump
паридан

hug
оғӯш гирифтан

walk
пиёда рафтан

sing
шеър хондан

dream
орзӯ кардан

pray
ибодат кардан

kiss
бӯса кардан

write
навиштан

draw
кашидан

show
нишон додан

push
тела додан

give
додан

take
гирифтан

have

доранд

do

кор

be

бошад

stand

истодан

run

давидан

pull

кашидан

throw

партофтан

fall

афтидан

lie

дароз кашидан

wait

интизор шудан

carry

бардошта бурдан

sit

нишастан

get dressed

либос пӯшидан

sleep

хобин

wake up

бедор шудан

look at

нигоҳ кардан

cry

гиря кардан

stroke

сила кардан

comb

шона

talk

гап задан

understand

фаҳмидан

ask

пурсидан

listen

гӯш кардан

drink

нӯштдан

eat

хӯрдан

tidy up

ғундоштан

love

ишқ

cook

ошпаз

drive

рондан

fly

парвоз кардан

sail

бо бодбон ҳаракат кардан

calculate

ҳисоб кардан

read

хондан

learn

омӯхтан

work

кор

marry

оиладор шудан

sew

дӯхтан

brush teeth

дадон шӯстан

kill

куштан

smoke

дуд

send

фиристодан

grandmother
биби

grandfather
бобо

father
падар

mother
модар

baby
кӯдак

daughter
хоҳар

son
писар

guest

меҳмон

aunt

хола

uncle

амак

brother

бародар

sister

хоҳар

forehead
пешонӣ

eye
чашм

shoulder
китф

finger
ангушт

face
рӯй

chin
манаҳ

hand
панҷаи даст

breast
қафаси сина

leg
пой

arm
даст

baby

кӯдак

man

мард

woman

зан

girl

духтар

boy

писар

head

сар

back

пушт

belly

шикам

navel

ноф

toe

ангушти пой

heel

пошнаи пой

bone

устухон

hip

рон

knee

зону

elbow

оринҷ

nose

бинӣ

buttocks

таг

skin

пӯст

cheek

рухсора

ear

гӯш

lip

лаб

mouth

даҳон

tooth

дадон

tongue

забон

brain

майнаи сар

heart

дил

muscle

мушак

lung

шуш

liver

ҷигар

stomach

меъда

kidneys

гурдаҳо

sex

алоқаи ҷинсӣ

condom

рифола

ovum

тухмҳуҷайра

semen

нутфа

pregnancy

ҳомиладорӣ

menstruation

ҳайз

vagina

маҳбал

penis

кер

eyebrow

абрӯ

hair

мӯй

neck

гардан

hospital
бемористон

ambulance
ёрии таъҷилӣ

wheelchair
аробачаи маъюбон

fracture
шикасти устухон

doctor

духтур

emergency room

ҳуҷраи ёрии фаврӣ

nurse

ҳамшираи тиббӣ

emergency

ҳолати фавқулодда

unconscious

бехуш

pain

дард

injury

чароҳат

bleeding

хунравӣ

heart attack

дилзанак

stroke

сактаи майна

allergy

аллергия

cough

сулфа

fever

табларза

flu

грипп

diarrhea

шикамравӣ

headache

сардард

cancer

саратон

diabetes

диабет

surgeon

ҷарроҳ

scalpel

скалпел

operation

ҷарроҳӣ

CT

Томографияи компютерӣ

x-ray

шӯъои ренгенӣ

ultrasound

ултрасадо

face mask

ниқоби рӯй

disease

беморӣ

waiting room

ҳуҷраи интизорӣ

crutch

асобағал

plaster

марҳам

bandage

дока

injection

сӯзандору

stethoscope

стетоскоп

stretcher

занбар

clinical thermometer

ҳароратсанҷ

birth

таваллуд

overweight

вазни зиёдатӣ

hearing aid

тачҳизоти шунавой

disinfectant

моддаи безараргардонй

infection

инфексия

virus

вирус

HIV / AIDS

ВИЧ / СПИД

medicine

дору

vaccination

ваксинатсия

tablets

ҳабҳо

pill

ҳаб

emergency call

занги изтирорй

blood pressure monitor

монитори фишори хун

ill / healthy

бемор/солим

Help!	alarm	assault
Кумак!	хушдор	хуҷум

attack	danger	emergency exit
ҳамла	хатар	баромадгоҳи таҳлиявӣ

Fire!	fire extinguisher	accident
Сӯхтор!	оташнишон	садама

first-aid kit	SOS	police
дорукуттӣ	бонги хатар	полис

Europe

Аврупо

North America

Америкаи Шимолӣ

South America

Америкаи Ҷанубӣ

Africa

Африка

Asia

Осиё

Australia

Австралия

Atlantic

Уқёнуси Атлантик

Pacific

Уқёнуси Ором

Indian Ocean

Уқёнуси Ҳинд

Antarctic Ocean

Уқёнуси Антарктика

Arctic Ocean

Уқёнуси Арктика

North pole

Қутби шимол

South pole

Қутби ҷануб

Antarctica

Антарктика

earth

замин

land

замин

sea

баҳр

island

ҷазира

nation

миллат

state

давлат

earth - замин

clock face

сиферблат

hour hand

ақрабаки соат

minute hand

ақрабаки дақиқашумор

second hand

ақрабаки сонияшумор

What time is it?

Соат чанд?

day

рӯз

time

замон

now

ҳозир

digital watch

соати электронй

minute

лаҳза

hour

соат

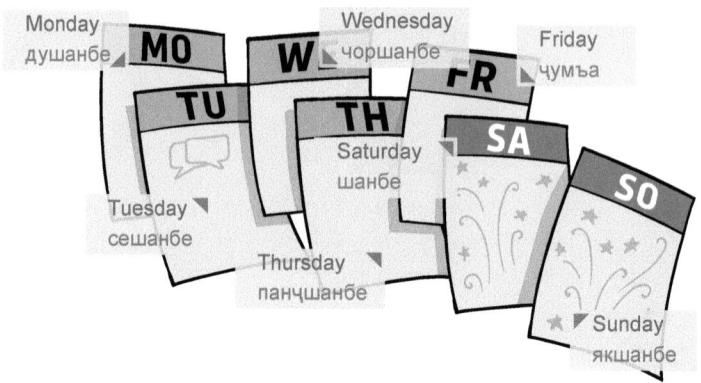

Monday
душанбе

Wednesday
чоршанбе

Friday
ҷумъа

Tuesday
сешанбе

Saturday
шанбе

Thursday
панҷшанбе

Sunday
якшанбе

yesterday

дирӯз

today

имрӯз

tomorrow

фардо

morning

пагоҳирӯзй

noon

нимрӯз

evening

шом

MO	TU	WE	TH	FR	SA	SU
1	2	3	4	5	6	7
8	9	10	11	12	13	14
15	16	17	18	19	20	21
22	23	24	25	26	27	28
29	30	31	1	2	3	4

workdays

рӯзҳои корй

MO	TU	WE	TH	FR	SA	SU
1	2	3	4	5	6	7
8	9	10	11	12	13	14
15	16	17	18	19	20	21
22	23	24	25	26	27	28
29	30	31	1	2	3	4

weekend

истироҳат

rain
борон

spring
баҳор

summer
тобистон

wind
шамол

fall
тирамоҳ

snow
барф

winter
зимистон

weather forecast

Обу ҳаво

thermometer

ҳароратсанҷ

sunshine

равшании офтоб

cloud

абр

fog

туман

humidity

намнок

lightning

барқ

thunder

тундар

storm

тӯфон

hail

жола

monsoon

муссон

flood

обхезӣ

ice

ях

January

январ

February

феврал

March

март

April

апрел

May

май

June

июн

July

июл

August

август

September

....

сентябр

October

....

октябр

November

....

ноябр

December

....

декабр

shapes

баст

circle

давра

square

мураббаъ

rectangle

росткуньа

triangle

....

секуньа

sphere

....

соньаи

cube

....

мукааб

white
гулобӣ

yellow
хокистаранг

orange
зард

pink
бунафшранг

red
сурх

purple
қаҳваранг

blue
кабуд

green
сиёҳ

brown
кабуд

gray
сафед

black
сабз

a lot / a little

бисёр/кам

angry / calm

хашмгин / ором

beautiful / ugly

зебо/безеб

beginning / end

оғози / охири

big / small

калон/хурд

bright / dark

дурахшон / торик

brother / sister

бародари / хоҳар

clean / dirty

тоза/чиркин

complete / incomplete

пурра / нопурра

day / night

рӯзи / шаб

dead / alive

мурдагон / зинда

wide / narrow

кушод/танг

edible / inedible

хӯрданӣ / хӯрданашаванда

evil / kind

бад/нек

excited / bored

ба ҳаяҷон / дилгир

fat / thin

ғавс/борик

first / last

якум/охирин

friend / enemy

Дӯсти / душмани

full / empty

пур/холӣ

hard / soft

сахт/мулоим

heavy / light

вазнин/сабук

hunger / thirst

гуруснагӣ / ташнагӣ

ill / healthy

бемор/солим

illegal / legal

ғайриқонунӣ / ҳуқуқӣ

intelligent / stupid

соҳибақл / беақл

left / right

рост/чап

near / far

наздик/дур

opposites - мухолифат

new / used

нави / истифода бурда мешавад

nothing / something

ҳеҷ / чизе

old / young

пир/ҷавон

on / off

оид / хомӯш

open / closed

кушода/пӯшида

quiet / loud

паст/баланд

rich / poor

бой/камбағал

right / wrong

дуруст/нодуруст

rough / smooth

дурушт/ҳамвор

sad / happy

ғамгин/хушбахт

short / long

кӯтоҳ/дароз

slow / fast

оҳиста/тез

wet / dry

тар/хушк

warm / cool

гарм / сард

war / peace

ҷанг / сулҳ

0 zero — нол

1 one — як

2 two — ду

3 three — се

4 four — чор

5 five — панҷ

6 six — шаш

7 seven — ҳафт

8 eight — ҳашт

9 nine — нӯҳ

10 ten — даҳ

11 eleven — ёздаҳ

12

twelve

дувоздах

13

thirteen

сенздах

14

fourteen

чордах

15

fifteen

понздах

16

sixteen

шонздах

17

seventeen

хабдах

18

eighteen

хаждах

19

nineteen

нуздах

20

twenty

бист

100

hundred

сад

1.000

thousand

хазор

1.000.000

million

миллион

English

англисӣ

American English

англисии амрикой

Chinese Mandarin

мандарини хитой

Hindi

ҳиндӣ

Spanish

испанӣ

French

фаронсавӣ

Arabic

арабӣ

Russian

русӣ

Portuguese

португалӣ

Bengali

бенгалӣ

German

олмонӣ

Japanese

ҷопонӣ

I

ман

you

шумо

he / she / it

Ӯ / вай / он

we

мо

you

шумо

they

онҳо

who?

ки?

what?

чй?

how?

Чй хел?

where?

дар куҷо?

when?

кай?

name

ном

behind

аз паси

in

дар

in front of

дар пеши

over

дар болои

on

дар рӯи

under

дар зери

beside

дар назди

between

миёни

place

чой